Hiltrud Pitz-Thissen

# Window-Color
## Leuchtend-bunte Weihnachtsmotive

ENGLISCH VERLAG

Danke sage ich Paul für seine Hilfe. Dieses Buch widme ich Antje und Bärbel sowie Gisela, Trude und Ursel.

Die Deutsche Bibliothek – CIP-Einheitsaufnahme
**Window-Color – Leuchtend-bunte Weihnachtsmotive** / Hiltrud Pitz-Thissen.–
Wiesbaden: Englisch, 1999
ISBN 3-8241-0919-0

© by Englisch Verlag GmbH, Wiesbaden 1999
ISBN 3-8241-0919-0
Alle Rechte vorbehalten. Nachdruck, auch auszugsweise, verboten.
Fotos: Frank Schuppelius
Printed in Spain

# *Inhaltsverzeichnis*

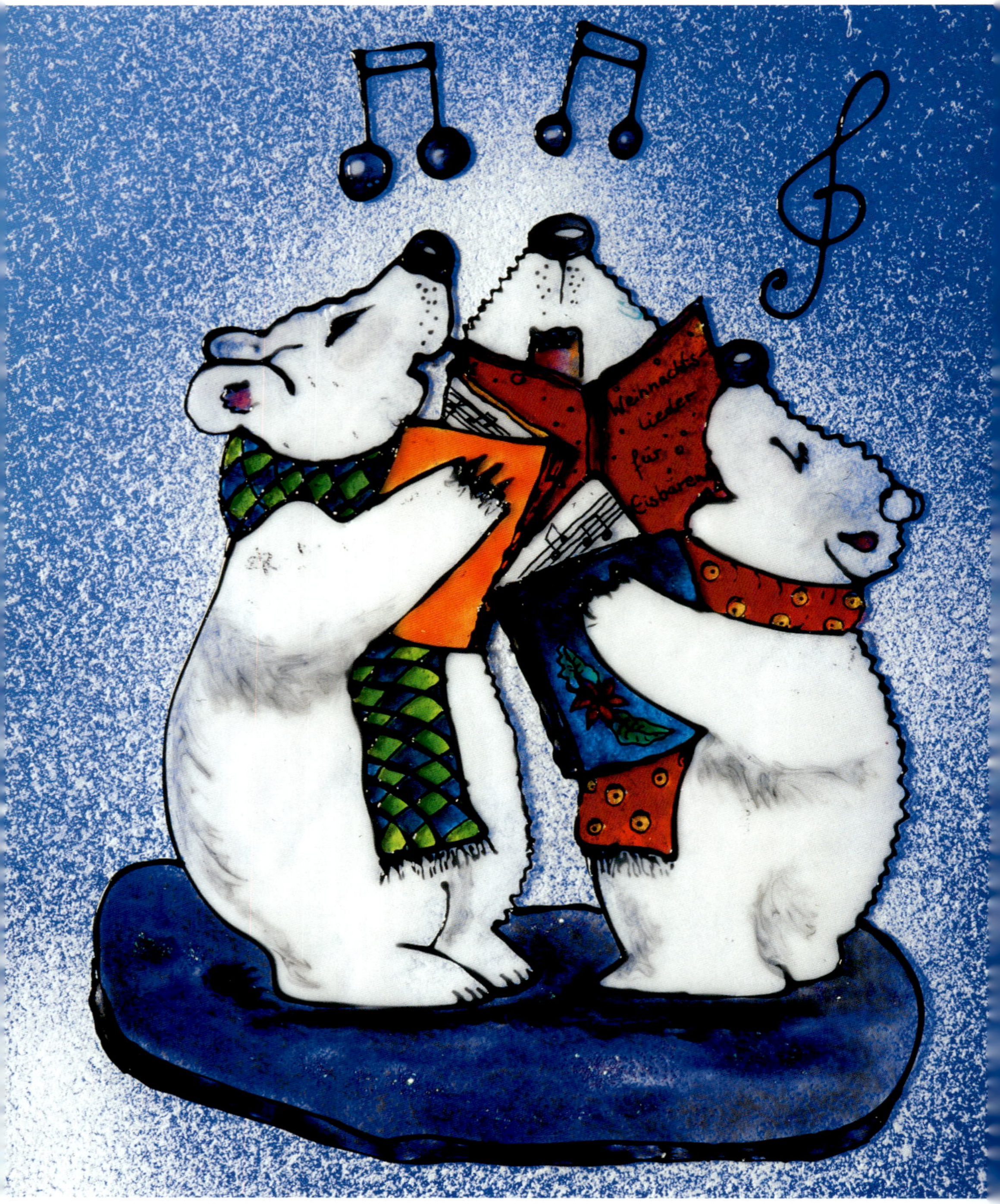
Weihnachts
Lieder
für
Eisbären

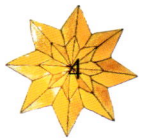

# *Vorwort*

**D**ie beliebte Glasmalfarbe Window-Color mit dem typischen Tiffany-Effekt wird nach dem Trocknen zur Folie und kann auf alle glatten Flächen geklebt, anschließend aber auch wieder abgelöst werden.

Dekorieren Sie Ihre Türen, Fenster oder Schränke mit diesen zauberhaften Weihnachtsmotiven, verzieren Sie Windlichter, Vasen oder Spiegel und bringen Sie so eine stimmungsvolle Atmosphäre in Ihre Wohnung.

In diesem Buch werden

Sie neue Tricks und Kniffe für das Malen mit Window-Color finden. Sollten Sie mit der Farbe zum ersten Mal arbeiten, lesen Sie bitte die Anleitungen sorgfältig durch. Das Malen mit Window-Color ist einfach, wenn man einige wichtige Hinweise befolgt. So können Sie schon bald die einzelnen Felder nicht nur mit einer Farbe ausmalen, sondern Farbverläufe, Licht und Schatten einsetzen.

Ich wünsche Ihnen viel Spaß beim Malen und Experimentieren.

**Hiltrud Pitz-Thissen**

5

# Material und Werkzeug

**Z**um Malen mit Window-Color benötigen Sie folgendes Material und Werkzeug:

* Window-Color-Farbe
* Window-Color-Konturenfarbe
* Malspitzen zum Aufschrauben auf die Flaschen
* Holzstäbchen, z. B. Zahnstocher oder Schaschlikspieße
* Wattestäbchen
* Küchenkrepp oder alte Lappen zum Säubern der Malflaschen und Holzspieße
* Prospekthüllen aus Polyäthylen oder Spezialfolie für Window-Color
* Glas- oder Acrylscheibe
* Cutter oder feine Schere
* Klebstoff (z. B. Heißklebepistole)
* wasserfester Filzstift in Schwarz
* evtl. Adhäsionsfolie oder feste Folie

Window-Color ist eine Acrylfarbe auf Wasserbasis ohne chemischen Trockenbeschleuniger. Die Farben sind beim Auftrag milchig und erhalten ihre Transparenz erst nach dem Trocknen.

Anschließend lässt sich das Bild von der Folie abheben und auf eine Glasfläche oder eine andere glatte Fläche drücken, das Bild haftet dort von selbst. Durch die Elastizität können selbst gewölbte Flächen dekoriert werden, z. B. Karaffen, Gläser usw.

Window-Color gibt es in vielen verschiedenen Farben von unterschiedlichen Herstellern. Alle Farben sind miteinander mischbar, jedoch sollten Sie Farben unterschiedlicher Hersteller nicht miteinander mischen.

Wenn Sie Prospekthüllen verwenden, achten Sie darauf, dass Sie ausschließlich Folien aus Polyäthylen verwenden. Von anderen Folien, z. B. PVC, lässt sich die Malerei nicht rückstandslos abziehen.

# Grundanleitung

## Konturen

Legen Sie die Malvorlage unter eine Folie oder schieben Sie sie in eine Prospekthülle und schrauben Sie für feine Konturen eine Malspitze auf. Für die Motive in diesem Buch habe ich meistens eine Malspitze mit einem Durchmesser von 0,9 mm verwendet, in seltenen Fällen eine dünnere von 0,7 mm. Die Flaschenspitze wird, falls notwendig,

mit einer Nadel aufgestoßen. Tragen Sie die Konturenfarbe direkt aus der Malflasche auf die Folie auf. Zum Malen halten Sie die Konturenflasche senkrecht mit der Spitze nach unten und drücken einige Millimeter des Pastenstrangs vorsichtig aus der Flasche heraus. Stellen Sie damit den Kontakt zur Folienoberfläche und dem untergelegten Motiv her. Beginnen Sie nun unter gleichmäßigem Druck zu malen, indem Sie die Flasche ca. 2 cm über die Folie halten und die Linie nachziehen. Der austretende Konturenstrang sollte immer leicht angespannt sein. Ziehen Sie die Linie nicht zu schnell, sonst reißt der Pastenstrang, und üben Sie immer gleichmäßigen Druck auf die Flasche aus. Die gemalte Kontur sollte nicht breiter als die Linie der Vorlage sein.

Nach Vollendung einer Linie schlagen Sie ruckartig die Flasche mit der Spitze nach unten, um die vermalte Farbe wieder aufzufüllen. Malen Sie nicht mit einer fast leeren Flasche, sondern füllen Sie immer wieder Farbe nach. Achten Sie

sorgfältig darauf, dass die Konturenlinien keine Lücken aufweisen, sonst könnte das Bild beim Abziehen gegebenenfalls einreißen.

Wenn Sie sich vermalt haben, können Sie die noch feuchte Konturenfarbe mit einem Wattestäbchen korrigieren oder wegwischen, dies gilt ebenso für die Window-Color-Farbe. Sollten Sie vergessen haben, im feuchten Zustand zu korrigieren, können Sie später am getrockneten Bild mit einer Schere oder einem Cutter die Fehler ab- oder herausschneiden. Wenn Sie die Malvorlage aus der Hülle nehmen und die Folie gegen das Licht halten, können Sie überprüfen, ob Sie alle Konturen gemalt und geschlossen haben. Die Linien, die auf der Motivvorlage mit einem dünnen Strich gezeichnet sind, werden nach dem Trocknen der Farbe mit einem feinen Filzstift aufgetragen. Wenn die Konturen getrocknet sind (beachten Sie bitte die jeweiligen Herstellerangaben), können die Felder ausgemalt werden.

## Ausmalen

Wenn Sie eine Prospekthülle verwendet haben, nehmen Sie vor dem Ausmalen die Malvorlage aus der Hülle. Es ist hilfreich, wenn Sie eine entsprechend große durchsichtige Glas- oder Acrylscheibe in die Hülle schieben. So lässt sich das Bild angenehmer als in der weichen Folie bewegen. Die Farbe wird direkt mit der Flaschenspitze aufgetragen und in dem jeweiligen Feld verteilt. Bei besonders kleinen Feldern können Sie eine Malspitze verwenden. Die Farbe

sollte so dick wie die Konturen aufgetragen werden, um ein späteres Reißen des Bildes zu vermeiden. Damit die Kontur und die Farbe sich verbinden, verwendet man einen Holzspieß, mit dem die Farbe bis an die Konturenlinie gebracht und gleichmäßig verteilt wird. Die „Laufrichtung" des Spießes wird nach dem Trocknen sichtbar. Man kann die Malerei damit auch beeinflussen und Strukturen erzeugen, z. B. durch kreisende Bewegungen. Nehmen Sie unmittelbar nach jedem ausgemalten Feld Ihre Malerei auf, halten Sie sie gegen das Licht, um die Stellen zu erkennen, die vergessen wurden. Bei einem flach auf dem Tisch liegenden Bild sind nicht immer alle Fehlstellen bzw. Lücken zu sehen. Wenn die Farbe nicht ganz bis an die Kontur heranreicht, kann das Bild nach dem Trocknen an dieser Stelle reißen. Schließen Sie die Lücken sofort, denn bereits nach einigen Minuten bildet die Farbe ein „Trockenhäutchen" und jeder erneute, spätere Farbauftrag ist klar zu erkennen. Eventuell auftretende Luftblasen zerstechen Sie mit einem Holzspieß. Die Trockenzeit richtet sich nach der Raumfeuchtigkeit, nach der Dicke des Farbauftrags und nach der Farbe. Beachten Sie hierzu die jeweiligen Herstellerangaben auf den Farbflaschen.

## Mischen von Farben und Spezialeffekte

Das Mischen der Farben erfolgt direkt in dem zu bemalenden Feld. Geben Sie die erforderlichen Farbmengen in die Mitte des Feldes und verrühren Sie sie mit der Flaschenspitze. Wollen Sie Übergänge von einer Farbe zur anderen erzielen, so malen Sie erst die gewünschten Farben nebeneinander, bis sie sich berühren, und ziehen sie dann an der Kontaktstelle mit dem Holzspieß ineinander. Zum Malen von Farbschattierungen füllen Sie zunächst das gesamte Feld mit der Grundfarbe aus. Dann setzen Sie Streifen oder Punkte mit der zweiten Farbe in die noch feuchte Grundfarbe und vermischen sie so lange, bis ein weicher Übergangsfarbton entstanden ist.
Mit Hilfe der lichtundurchlässigen Farbtöne lassen sich auf einfache Weise halbtransparente Farbtöne erzielen.

In die noch feuchte Window-Color-Farbe oder in die Konturenfarbe können Sie Metallicglitter, das in Streufläschchen erhältlich ist, einstreuen. Nach dem Trocknen der Farbe wird der überschüssige Glitter mit einem feinen Pinsel entfernt. Die feuchte Farbe hat eine Klebewirkung; so können Sie auch kleinere Glitzersteine, Metallicsternchen, Perlen oder Strass

einlegen. Ebenso können diese Materialien auch auf die getrocknete Farbe geklebt werden. Spritzen Sie außerhalb Ihres Bildes die Farbe Kristallklar auf die Folie. Nun wird mit der Spitze eines Holzspießes etwas Kristallklar auf die gewünschte Stelle auf dem Bild getupft. Nehmen Sie nun mit der Spitze des Spießes z. B. einen Metallicstern auf und kleben Sie ihn auf dem Bild fest. Auf die gleiche Weise können Sie auch Farbe auftragen, wie z. B. Pünktchen oder Linien.

## Übertragen auf Glas oder andere Gegenstände

Nach dem Trocknen lässt sich die Malerei von der Folie abheben und auf einer glatten Fläche andrücken. Wenn Sie Ihre Fenster dekoriert haben, lassen Sie das Bild beim Putzen auf der Scheibe; ein kurzzeitiges Einwirken von Wasser schadet Ihrer Malerei nicht. Bei extremer Hitze oder Kälte kann das Bild beim Anbringen oder Ablösen reißen. Window-Color-Bilder verlieren mit zunehmender Durchtrocknung an Elastizität und können leicht brechen, zudem kann die Klebewirkung verloren gehen. Diese kann durch punktuelles Auftragen der Farbe Kristallklar auf der Rückseite des Bildes wieder aktiviert werden und gerissene Stellen können so geflickt werden. Window-Color-Farbe ist nicht frostfest und bei Dekorationen mit Sonneneinstrahlung können die Rottöne mit der Zeit verblassen.
Wenn Sie wollen, können Sie Ihr Motiv auf eine farblose, transparente Fensterfolie (Adhäsionsfolie) malen. Heben Sie hierfür die Folie von dem Trägerkarton ab und legen Sie die Vorlage darauf. Nun wird die Folie darüber gelegt und mit der Hand von innen nach außen glatt gestrichen. Anschließend können Sie Ihr Motiv malen. Von dieser Folie ist das Bild nicht abziehbar. Leerfelder müssen hierbei nicht mit der Farbe Kristallklar ausgefüllt werden. Nach dem Trocknen der Farben schneiden Sie die Folie um das Bild herum, exakt an der Kontur, ab. Die Folie kann dann, nach dem Anfeuchten mit Wasser auf der Rückseite, belie-

big oft aufgeklebt werden und ist durch diese Verstärkung wesentlich länger haltbar.

Neu im Fachhandel ist die sogenannte feste Folie, von der die Malerei ebenfalls nicht mehr abziehbar ist. Nach dem Malen wird das Motiv ausgeschnitten und, mit einem farblosen Faden versehen, lässt es sich als Raumobjekt überall aufhängen, z. B. als Geschenkanhänger oder Christbaumschmuck.

## Tipps

★ Zur Vermeidung von Luftblasen in den Flaschen werden alle Farben auf dem Kopf stehend aufbewahrt. Gerade beim Abfüllen der Farben in die Malflaschen entstehen viele Bläschen. Wenn eine Flasche besonders viele Luftblasen aufweist, setzen Sie zum Malen eine Malspitze auf; je kleiner die Austrittsöffnung ist, desto feiner sind die Blasen.

★ Während des Malens sollten die Window-Color-Flaschen liegen, sodass sich keine Bläschen bilden können.

★ Reinigen Sie die Flaschenspitze und die Malspitze nach jedem Farbauftrag, bevor Sie die Flasche schließen, mit Küchenkrepp. Nach dem Malen sollten Sie in jede Malspitze eine genau in die Spitze passende Stecknadel stecken, sodass die Öffnung nicht verstopfen kann.

★ Spitzen Sie Ihre Holzspieße immer wieder mit einem scharfen Messer an, so sparen Sie viel Material.

★ Legen Sie die Bilder nicht auf Papier; sie kleben daran fest. Die Bilder sollten immer zwischen zwei Folien transportiert und aufbewahrt werden.

★ Wenn Sie sich beim Malen mit Farbe beschmutzt haben, sollten Sie Ihre Wäsche sofort mit Schmierseife auswaschen. Trockene Farbe ist aus Stoffen nicht mehr zu entfernen.

# *Weihnachtsdekorationen*

## 1. Weihnachtsmann

### Material

★ Konturenfarbe in Schwarz
★ Window-Color in Weiß, Kirschrot, Perlmutt, Hautfarben, Königsblau, Grün und Smaragdgrün
★ Glitter in Perlmutt und Rot
★ Goldsternchen zum Einlegen

### Anleitung

Legen Sie die Vorlage unter eine Folie und beginnen Sie die Konturen nachzuzeichnen. Malen Sie danach die Flächen gemäß der Abbildung aus. Streuen Sie in die noch feuchte Farbe Glitter, Rot in die Nikolausmütze, Perlmutt in den Bart des Weihnachtsmannes.

Wenn die Farben getrocknet sind, können Sie die Goldsternchen mit Hilfe der Farbe Kristallklar auf den Mützenrand kleben.

# 2. Schneemann im Frack

## Material
★ Konturenfarbe in Schwarz
★ Window-Color in Braun, Hellblau, Kirschrot, Perlmutt, Silber und Schwarz deckend

## Anleitung
Zeichnen Sie zuerst die Konturen mit der Konturenfarbe nach, indem Sie die Vorlage unter eine Folie legen. Nun werden die Flächen, wie in der unten stehenden Abbildung zu sehen, ausgemalt. Zum Malen der Farbschattierungen grundieren Sie zunächst den Schneemann mit Perlmutt. Dann setzen Sie hellblaue Streifen in die noch feuchte Grundfarbe und vermischen sie so lange, bis ein weicher Übergangsfarbton entstanden ist.

# 3. Nikolaus mit Tannenbaum

## Material

★ Konturenfarbe in Schwarz
★ Window-Color in Kristallklar, Weiß, Braun, Smaragdgrün, Königsblau, Kirschrot, Grau, Gold, Perlmutt, Hautfarben und Deckweiß
★ Silberglitter zum Streuen
★ Perlmuttsterne

## Anleitung

Legen Sie die Vorlage unter eine Folie oder in eine Klarsichtfolie und zeichnen Sie die Konturen in Schwarz nach. Malen Sie anschließend die Flächen der Abbildung entsprechend aus. Die Farben werden, wie in der Grundanleitung beschrieben, direkt in den jeweiligen Farbfeldern gemischt. In die noch feuchte Farbe der Stiefelschäfte streuen Sie etwas Silberglitter (s. hierzu auch S. 8)

Nach dem Trocknen werden die Perlmuttsternchen, wie auf S. 9 beschrieben, mit der Farbe Kristallklar auf den Tannenbaum geklebt.

# 4. Christbaumelch

## Material

★ Konturenfarbe in Schwarz
★ Window-Color in Elfenbein, Gelb, Braun, Smaragdgrün, Königsblau, Kirschrot, Hellbraun und Goldglitzer
★ schwarzer Filzstift

## Anleitung

Zeichnen Sie zuerst die Konturen mit der Konturenfarbe nach, indem Sie die Vorlage unter eine Folie legen. Nun werden die Flächen, wie in der unten stehenden Abbildung zu sehen, ausgemalt. Die Farben werden direkt in den Feldern gemischt, indem sie in die Mitte des Feldes gegeben und dann mit der Flaschenspitze verrührt werden. Zuletzt werden Details mit dem Filzstift ausgeführt.

# 5. Rentier Rudolf

## Material

★ Konturenfarbe in Schwarz
★ Window-Color in Elfenbein, Braun, Bernstein, Saphirblau und Hellbraun
★ schwarzer Filzstift

## Anleitung

Legen Sie die Vorlage unter eine Folie und beginnen Sie die Konturen in Schwarz gemäß der Grundanleitung S. 6 nachzuzeichnen.

Malen Sie danach die Flächen aus. Mischen Sie die Farben direkt in den Feldern, indem Sie die erforderlichen Farbmengen in die Mitte des Feldes geben und dann mit der Flaschenspitze verrühren. Zuletzt werden Details mit dem Filzstift aufgemalt.

# 6. Singende Eisbären

## Material

★ Konturenfarbe in Schwarz
★ Window-Color in Kristallklar, Weiß, Elfenbein, Gelb, Orange, Königsblau, Kirschrot, Grau, Schwarz deckend und Giftgrün
★ Perlmuttglitzer zum Streuen
★ schwarzer Filzstift

## Anleitung

Zeichnen Sie die Konturen auf und ma- len Sie die Felle der Bären in Weiß. Schattieren Sie etwas Grau hinein, um das Fell plastischer und flauschiger er- scheinen zu lassen. Die Bücher und Schals der Eisbären können mit kräfti- gen Farben ausgemalt werden. Auf die noch feuchten Eisschollen streuen Sie etwas Perlmuttglitzer.

Nach dem Trocknen malen Sie mit Filz- stift die Details gemäß Abbildung auf.

ogen zu Englisch kreativ Nr. 0919

y-Color – Leuchtend-bunte Weihnachtsmotive" von Hiltrud Pitz-Thissen

241-0919-0

lisch Verlag GmbH, Wiesbaden 1999

21.

14.

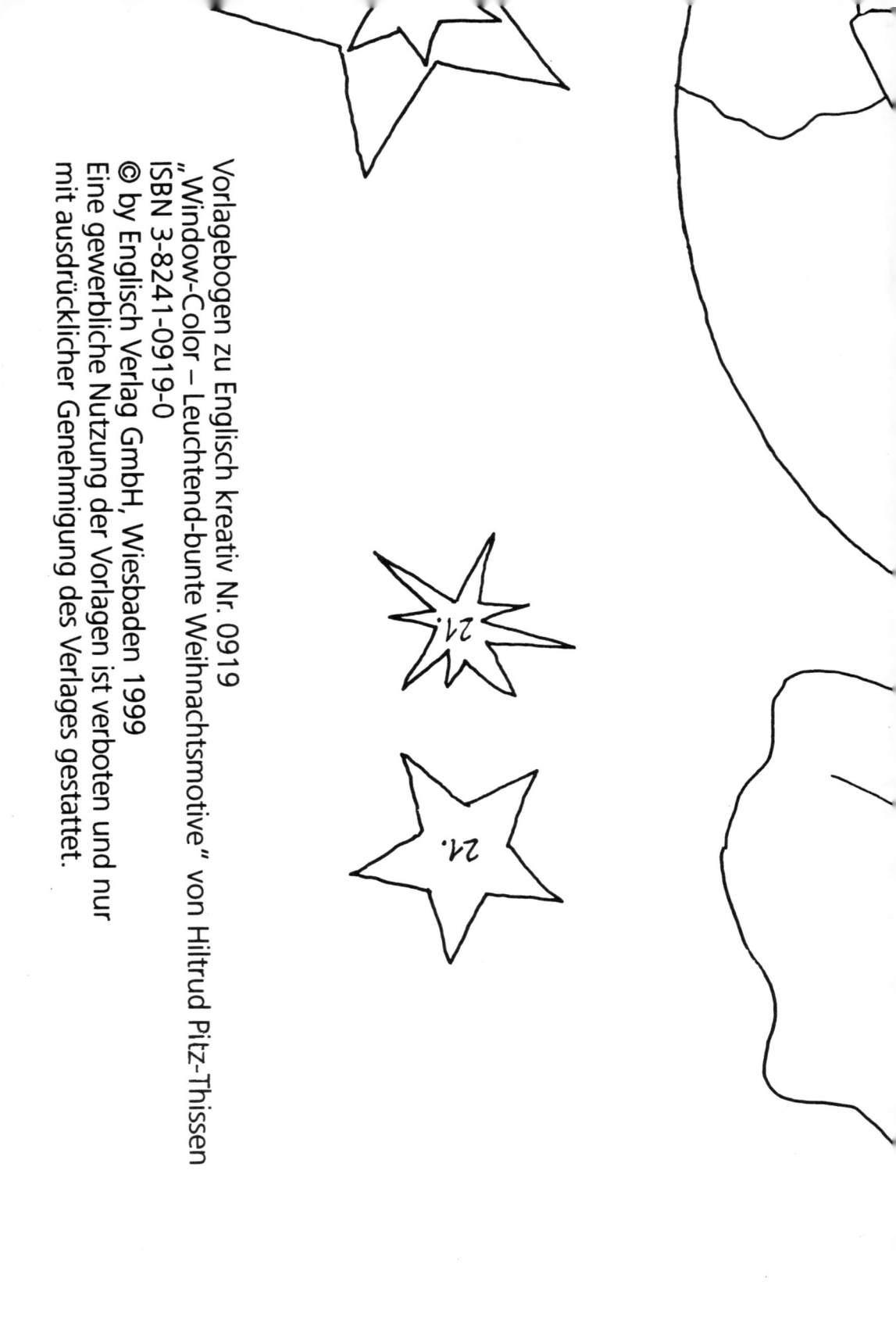

Vorlagebogen zu Englisch kreativ Nr. 0919
„Window-Color – Leuchtend-bunte Weihnachtsmotive" von Hiltrud Pitz-Thissen
ISBN 3-8241-0919-0

21.

24.

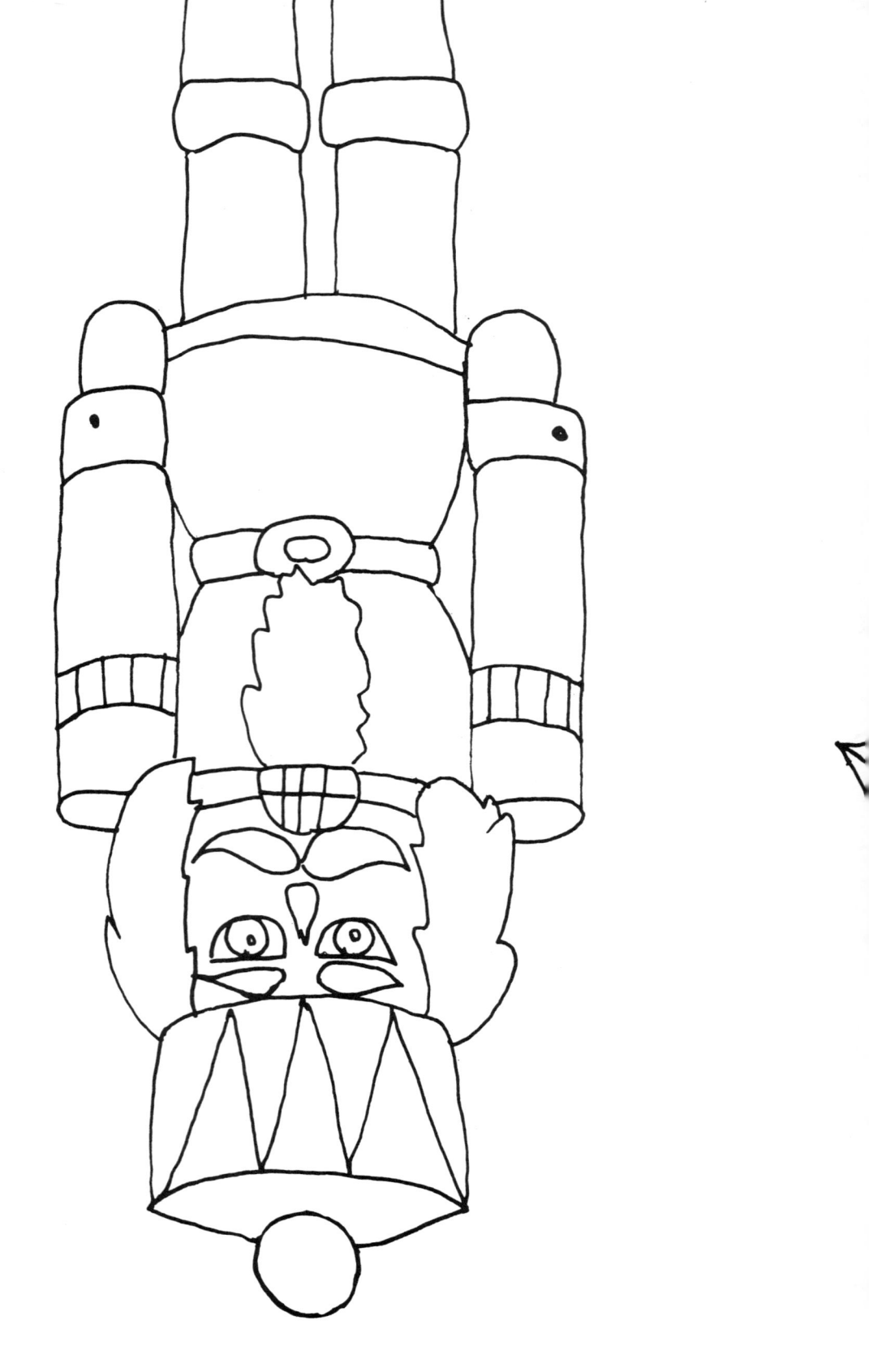

18.

19.

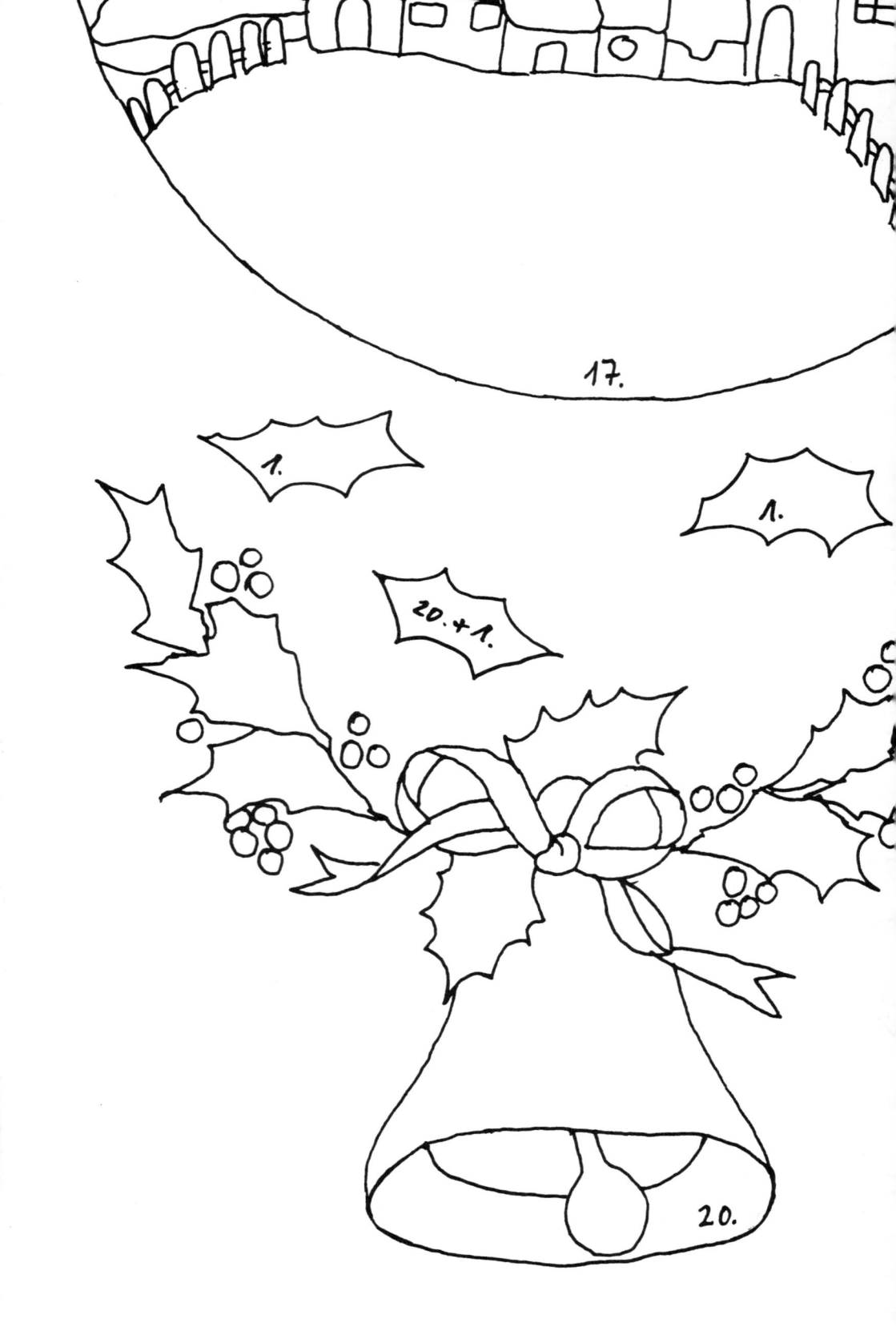

# 7. Wunschzettelbär

## Material

★ Konturenfarbe in Schwarz
★ Window-Color in Kristallklar, Braun, Smaragdgrün, Kirschrot, Bernstein, Hautfarben und Deckweiß
★ Goldglitter zum Streuen
★ schwarzer Filzstift

## Anleitung

Legen Sie die Vorlage unter eine Folie und beginnen Sie die Konturen nachzuzeichnen. Malen Sie nun die Flächen gemäß der Abbildung aus. Streuen Sie danach den Goldglitter auf die noch feuchte Farbe.

Nach dem Trocknen der Farben setzen Sie mit Deckweiß Pünktchen für das Hemd und das Muster für den Kragen in Rot, indem Sie die Farbe mit der Spitze eines Holzspießes auftragen.

Zuletzt beschriften Sie mit dem Filzstift den Wunschzettel.

# 8. Bär im Geschenkkarton

## Material
★ Konturenfarbe in Schwarz
★ Window-Color in Kristallklar, Smaragdgrün, Kirschrot und Gold
★ Goldglitter zum Streuen
★ Goldsternchen zum Einlegen

## Anleitung
Zeichnen Sie die Konturen gemäß der Grundanleitung und malen Sie anschließend die Flächen aus. Orientieren Sie sich hierbei an der unten stehenden Ab-bildung. Streuen Sie in die noch feuchte Farbe am oberen Rand der Schleife et-was Goldglitter.

Nach dem Trocknen setzen Sie die Goldsternchen auf, indem Sie außerhalb Ihres Bildes die Farbe Kristallklar auf die Folie geben, mit der Spitze eines Holzspießes etwas Kristallklar auf die gewünschte Stelle auf dem Bild tupfen und nun mit der Spitze des Spießes ei-nen Stern aufnehmen und aufkleben.

# 9. Geschenkpäckchen

## Material
★ Konturenfarbe in Schwarz
★ Window-Color in Kristallklar, Smaragdgrün, Kirschrot und Gold
★ schwarzer, wasserfester Filzstift
★ perlmuttfarbene Sternchen

## Anleitung
Legen Sie die Vorlage unter eine Folie und beginnen Sie die Konturen nachzuzeichnen. Malen Sie danach die Flächen gemäß der Grundanleitung S. 6 aus. Grundieren Sie das Päckchen in Grün und die Schleife in Rot.

Nach dem Trocknen der Farben malen Sie das Schleifenmuster in Gold und kleben die Sternchen mit Kristallklar auf.

Zum Schluss werden mit dem Filzstift einige Akzente, wie auf der Abbildung zu sehen, gesetzt.

19

# 10. Sternen-kerze

## Material
★ Konturenfarbe in Schwarz
★ Window-Color in Kristall-klar, Gelb, Orange, Braun, Smaragdgrün, Kirschrot, Bernstein, Goldglitzer und Hellbraun

## Anleitung

Zeichnen Sie die Konturen gemäß der Grundanleitung mit Konturenfarbe und malen Sie dann die Flächen, wie in der Abbildung zu sehen, aus.

Nach dem Trocknen der Farben malen Sie mit brauner Farbe die Wachsnasen auf die Kerzen, sodass sie plastischer aussehen.

Mit Goldglitzer werden zuletzt farbliche Akzente gesetzt.

# 11. Weihnachtszweig mit Schleife

## Material

★ Konturenfarbe in Schwarz
★ Window-Color in Kristallklar,
 Braun, Smaragdgrün, Kirschrot,
 Dunkelrot, Gold und Hellgrün

## Anleitung

Die Vorlage wird unter eine Folie gelegt und die Konturen werden in Schwarz nachgezeichnet. Anschließend werden die Flächen gemäß der Abbildung ausgemalt. Mischen Sie die hellgrüne und die smaragdgrüne Farbe direkt in den jeweiligen Feldern, indem Sie sie mit der Flaschenspitze verrühren. Füllen Sie die durchsichtigen Felder zwischen der Schleife und den Blättern mit der Farbe Kristallklar aus, sodass sich das Bild problemlos von der Folie abziehen lässt.

21

# 12. Kerzen mit Christstern

## Material
★ Konturenfarbe in Schwarz
★ Window-Color in Braun, Weiß, Gelb, Smaragdgrün, Kirschrot, Gold, Deckweiß und Giftgrün

## Anleitung
Die Vorlage wird unter eine Folie gelegt und die Konturen werden mit schwarzer Konturenfarbe nachgezeichnet. Malen Sie danach die Flächen gemäß der Abbildung aus.

Mischen Sie die Farben direkt in den Feldern, indem Sie die erforderlichen Farbmengen in die Mitte des Feldes geben und dann mit der Flaschenspitze verrühren.

Zuletzt werden die Punkte in der Blütenmitte des Christsterns aufgesetzt.

# 13. Glocken

## Material

★ Konturenfarbe in Schwarz
★ Window-Color in Kristallklar, Braun,
Smaragdgrün, Hellblau, Königsblau,
Kirschrot, Gold, Goldglitzer, Hell-
braun und Saphirblau

## Anleitung

Legen Sie die Folie auf Ihre Vorlage und
zeichnen Sie die Konturen in Schwarz

nach. Anschließend werden die Farb-
flächen der Abbildung entsprechend
ausgemalt.

Nach dem Trocknen setzen Sie die roten
und schwarzen Pünktchen in das Muster
der linken Glocke (siehe Grundanleitung
„Mischen von Farben und Spezial-
effekte" S. 8 ).

23

# 14. Weihnachtssterne

## Material

★ Konturenfarbe in Schwarz
★ Window-Color in Elfenbein, Smaragdgrün, Kirschrot, Gold und Dunkelrot

## Anleitung

An diesem Beispiel können Sie sehen,
dass man auch mit wenigen Farben
schöne Ergebnisse erzielen kann.
Zeichnen Sie die Konturen mit der
schwarzen Konturenfarbe nach, indem
Sie die Vorlage unter eine Folie legen.
Nun werden die Flächen, wie in der unten stehenden Abbildung zu sehen, ausgemalt. Malen Sie mit Gold kleine Halb-
kreise in den elfenbeinfarbigen Hinter-
grund.
Nach dem Trocknen der Farbe werden
mit Gold kleine Punkte und Schattierun-
gen auf die Blüten gesetzt, mit Rot malen Sie einige Pünktchen mit Hilfe eines
Holzspießes auf.

# 15. Schnee-kristalle

## Material
★ Konturenfarbe in Schwarz
★ Window-Color in Kristallklar, Frostweiß und Eisflitter

## Anleitung

Legen Sie Ihre Vorlage unter eine Folie oder schieben Sie sie in eine Klarsichthülle.

Malen Sie zuerst alle Konturen in Schwarz. Grundieren Sie anschließend die Sterne mit Kristallklar, Frostweiß und Eisflitter.

Nach dem Trocknen der Farben setzen Sie mit Kristallklar gemäß der Abbildung Punkte und Streifen, um Glas- und Eisstrukturen darstellen zu können.

25

# 16. Hexenhäuschen

## Material

* ★ Konturenfarbe in Schwarz, Gold und Bronze
* ★ Window-Color in Kristallklar, Weiß, Gelb, Königsblau, Kirschrot, Hellbraun Smaragdgrün, Braun, Grau, Bernstein und Grün
* ★ 1 Hexenhäuschen aus Acryl (als Bastelpackung im Fachhandel erhältlich)
* ★ 1 Hexe, Hänsel und Gretel
* ★ feste Folie

## Anleitung

Zeichnen Sie zuerst die Konturen mit schwarzer Konturenfarbe, indem Sie die Vorlage unter das jeweilige Acrylteil der Bastelpackung legen. Nun werden die Flächen, wie in der Abbildung zu sehen, ausgemalt. Nachdem die Farbe getrocknet ist, werden mit goldfarbener und bronzefarbener Konturenfarbe Punkte zwischen die einzelnen Motive gesetzt und kleine Herzen in die größeren gemalt. Nun werden die Büsche und Bäume mit goldfarbener Konturenfarbe auf die feste Folie übertragen und ausgemalt. Für das Blattwerk vermischen Sie Bernstein und Grün mit kreisenden Bewegungen in dem zu bemalenden Feld. Nach dem Trocknen der Farben werden die Bäume und Sträucher entlang der Kontur ausgeschnitten, an der gestrichelten Linie umgeknickt und auf eine große Platte geklebt. Kleben Sie das Häuschen mit Klebstoff zusammen und platzieren Sie es in der Mitte der Platte.

# 17. Weihnachtskugel

## Material

★ Konturenfarbe in Schwarz
★ Window-Color in Kristallklar, Weiß, Deckweiß, Elfenbein, Gelb, Braun, Smaragdgrün, Königsblau, Kirschrot, Grau, Dunkelrot, Schwarz deckend und Saphirblau
★ Streuglitter in Perlmutt und Rot

## Anleitung

Legen Sie die Vorlage unter eine Folie und beginnen Sie die Konturen in Schwarz nachzuzeichnen. Malen Sie danach die Flächen gemäß der Grundanleitung aus. Wenn die Farbe noch feucht ist, streuen Sie den roten Glitter in die Enden der Schleifen

und den perlmuttfarbenen auf einige Stellen des Schnees im Vordergrund. Nach dem Trocknen der Farbe des Himmels malen Sie mit der Farbe Deckweiß vorsichtig die Schneeflocken in unterschiedlicher Größe. Schrauben Sie hierfür eine Malspitze auf die Flasche. Die Dächer grundieren Sie mit der Farbe Weiß. Nach dem Trocknen verstärken Sie diese Flächen mit der Farbe Deckweiß.

# 18. Nussknacker

## Material

★ Konturenfarbe in Schwarz
★ Window-Color in Kristallklar, Perl-
  mutt, Deckweiß, Hellblau, Königs-
  blau, Braun, Kirschrot, Olivgrün, Grau
  und Goldglitzer
★ Silberglitter zum Streuen
★ Streuglitter in Perlmutt
★ Goldsternchen zum Einlegen
★ Adhäsionsfolie oder feste Folie

## Anleitung

Legen Sie die Vorlage unter die feste
Folie und beginnen Sie die Konturen
nachzuzeichnen. Malen Sie danach die
Flächen gemäß der Grundanleitung S. 6
aus.

Nachdem die Farbe getrocknet ist, kleben Sie die Goldsternchen auf den Hut,
indem Sie mit einem Holzspieß etwas
Kristallklar auftupfen und dann mit der
Spitze des Spießes den Stern aufkleben.

Zum Schluss wird die feste Folie an der
Kontur ausgeschnitten und oben im Hut
kann ein Loch für die Aufhängung einge-
stochen werden.

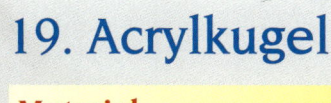

# 19. Acrylkugel

## Material
★ Window-Color in Kristallklar, Grün, Kirschrot und Gold
★ schwarzer Filzstift
★ Goldglitter zum Streuen
★ 1 Acrylkugel, teilbar, 9 cm Ø
★ Schleifenband mit Weihnachtsmotiv

## Anleitung

Öffnen Sie die Kugel und legen Sie sie mit der Rundung nach unten auf die Motivvorlage.

Malen Sie nun von innen die Konturen mit dem schwarzen Filzstift auf, drehen Sie die Kugel um und bemalen Sie sie vorsichtig von außen. Bedenken Sie hierbei, dass Sie keine plastische Kontur haben, an der Sie sich orientieren können.

Nach dem Trocknen der Blüten malen Sie mit Kristallklar die Zwischenräume aus. Anschließend streuen Sie, wie in der Grundanleitung S. 8 f. beschrieben, Goldglitter auf die noch feuchte Kristallfarbe.

# 20. Windlicht

## Material

★ Konturenfarbe in Schwarz
★ Window-Color in Kristallklar, Braun, Gold, Kirschrot, Dunkelrot, Goldglitzer und Giftgrün
★ 1 großes Windlicht

## Anleitung

Die Vorlage wird unter eine Folie gelegt und die Konturen werden in Schwarz nachgezeichnet. Anschließend malen Sie die Flächen gemäß der Grundanleitung auf S. 6 aus. Orientieren Sie sich hierfür an der neben stehenden Abbildung. Mischen Sie die Farben in den jeweiligen Farbfeldern und ziehen Sie sie mit einem Holzspieß ineinander. Wenn die Farben getrocknet sind, kann das Window-Color-Bild auf das Windlicht geklebt werden.

***********************************************************

# 21. Tischlampe

## Material
★ Konturenfarbe in Schwarz
★ Window-Color in Gelb und Gold
★ 1 Tischlampe

## Anleitung
Zeichnen Sie zuerst die Konturen der verschiedenen Sterne, indem Sie die Vorlage unter eine Folie legen. Nun werden die Sterne der Abbildung entsprechend ausgemalt. Malen Sie dafür immer die eine Hälfte einer Sternzacke in Gelb, die andere in Gold.

Zuletzt werden die Sterne auf die Lampe geklebt; der große Stern wird in der Mitte platziert und die kleinen Sterne um ihn herum angeordnet.

31